우리말 달인 되는

속담

따라쓰기

어린이 따라 쓰기 시리즈 5

우리말 달인 되는
속담 따라쓰기

지은이 장은주, 김정희
펴낸이 정규도
펴낸곳 (주)다락원

초판 1쇄 발행 2016년 2월 25일
3쇄 발행 2021년 9월 13일

편집총괄 최운선
책임편집 박소영

디자인 김성희, 이승현

다락원 경기도 파주시 문발로 211
내용문의: (02)736-2031 내선 275
구입문의: (02)736-2031 내선 250~252
Fax: (02)732-2037
출판등록 1977년 9월 16일 제406-2008-000007호

값 10,000원

ISBN 978-89-277-4639-3 64700
     978-89-277-4627-0 64080(set)

http://www.darakwon.co.kr
다락원 홈페이지를 통해 인터넷 주문을 하시면 자세한 정보와 함께 다양한 혜택
을 받으실 수 있습니다.

우리말 달인 되는 속담 따라쓰기

장은주, 김정희 지음

"속담은 우리의 대화를 윤기 있게 해 주고
조상들의 재치와 지혜, 교훈을 얻을 수 있게 해 준답니다."

수업을 하다 보면 설명 중에 속담을 인용할 때가 있는데요, 아이들이 속담의 뜻을 이해하기는커녕 어떤 속담들은 처음 들어본다는 아이들이 너무 많아서 참 의아했답니다. 요즘 아이들은 우리가 어릴 때보다 책도 더 많이 읽고 경험도 풍부한데 왜 속담을 모를까 궁금했지요.

그런데 아이들을 살펴보고 우리가 어릴 때와 비교해 보니 그 이유를 짐작해 볼 수 있었습니다.

우리가 어릴 때는 어린이용 도서를 읽을 기회가 많지 않았기 때문에 책이 많은 곳에 갈 기회가 있으면, 그 책이 청소년 도서이든 어른 도서이든 읽었던 것 같아요. 그런 책에서는 이야기의 맥락 속에서 속담을 접할 기회가 있었죠.
또한, 텔레비전을 볼 때도 어린이용 프로그램은 고작 만화영화 몇 편뿐이었기에, 어른들이 보시는 프로그램을 옆에서 훔쳐보곤 했는데 그때 어른들의 대사 속에 있던 속담을 들을 기회가 있었답니다.

재미있는 오락거리나 캠프 등의 기회가 없었기 때문에 마실 오신 아주머니들이 엄마와 말씀 나누시는 것을 훔쳐 듣는 것이 재미있었는데, 그때 속담을 인용해서 말씀하시는 것들을 많이 들었고요.

그러고 보니 아이들이 속담을 잘 모르는 것은 바로 그 아이들 맞춤형 책과 아이들 맞춤형 경험 때문이 아닐까 생각했습니다. 아이들에게 딱 맞추어진 내용 속에서는 아무래도 속담을 들을 기회가 더 적더라고요.
그렇다면 아이들에게 따로 속담을 익혀볼 기회를 주는 것도 가치 있는 일이겠다고 생각했습니다.

이 책은 초등학교 교과서에 자주 나오는 속담들을 모아서 연습할 수 있도록 구성했어요. 어려운 속담을 한눈에 딱 들어오는 상황으로 설정해 그림으로 보여 주어 좀 더 쉽게 이해되도록 하였지요.

속담은 우리의 대화를 윤기 있게 해 주고 조상들의 재치와 지혜, 교훈을 얻을 수 있게 해 준답니다. 아이들이 이 책을 통해 속담을 익혀서 조상으로부터 전해오는 우리의 정신문화를 소중히 여기게 되기를 또한 바라봅니다.

 지은이 장은주, 김정희

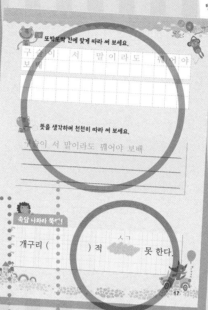

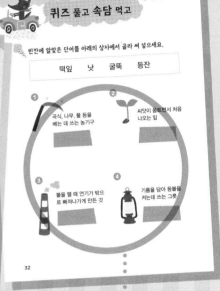

이렇게 활용하세요.

속담을 읽고 속뜻을 알아봅니다.

그림으로 알기 쉽게 표현해 놓았으니, 상황을 이해해 보세요.

또박또박 속담을 따라 써 봅니다.

열흘에 한 번씩 앞에서 배운 속담을 활용한 문제를 풀어 복습합니다.

( ) 안에는 앞에서 배운 속담을 참고하여 알맞은 단어를 넣고, 안에는 초성 힌트를 보고 알맞은 단어를 넣어 속담을 완성해 봅시다.

첫 번째 속담 꾸러미

01일째 ~ 10일째

04일째

07일째

08일째

낮말은 새가 듣고
밤말은 쥐가 듣는다.

아무리 비밀로 한 말도 새어 나갈 수 있으니 조심해야 한다는 말이에요.

또박또박 칸에 맞게 따라 써 보세요.

낮	말	은		새	가		듣	고		밤	말	은
쥐	가		듣	는	다	.						

뜻을 생각하며 천천히 따라 써 보세요.

낮말은 새가 듣고 밤말은 쥐가 듣는다.

속담 나와라 뚝딱!

낮말은 (   )가 듣고 밤말은 (   )가
듣는다.

02일째

개구리 올챙이 적 생각 못 한다.

형편이 좋아졌다고 어려웠던 지난 시절을 잊어버리고 잘난 척한다는 말이에요.

또박또박 칸에 맞게 따라 써 보세요.

| 개 | 구 | 리 | | 올 | 챙 | 이 | | 적 | | 생 | 각 | | 못 | ∨ |
| 한 | 다 | . | | | | | | | | | | | | |

| | | | | | | | | | | | | | | |
| | | | | | | | | | | | | | | |

뜻을 생각하며 천천히 따라 써 보세요.

개구리 올챙이 적 생각 못 한다.

속담 나와라 뚝딱!

( )은 새가 듣고 밤말은 쥐가 듣는다.

구슬이 서 말이라도 꿰어야 보배

아무리 좋은 것이 많아도 쓸모 있게 사용해야 가치가 있다는 말이에요.

또박또박 칸에 맞게 따라 써 보세요.

구	슬	이		서		말	이	라	도		꿰	어	야	∨
보	배													

뜻을 생각하며 천천히 따라 써 보세요.

구슬이 서 말이라도 꿰어야 보배

_____

_____

_____

속담 나와라 뚝딱!

ㅅㄱ

개구리 (   ) 적   못 한다.

그림의 떡

아무리 마음에 들어도 차지할 수 없는 경우를 이르는 말이에요.

또박또박 칸에 맞게 따라 써 보세요.

그	림	의		떡						

뜻을 생각하며 천천히 따라 써 보세요.

그림의 떡

구슬이 서 (　　　)이어도 꿰어야 (　　　　　)

05일째

낫 놓고 기역 자도 모른다.

기역 자 모양으로 생긴 낫을 보면서도 기역 자를 모를 만큼 아주 무식하다는 말이에요.

또박또박 칸에 맞게 따라 써 보세요.

낫		놓고	기	역	자	도	모	른	다.

뜻을 생각하며 천천히 따라 써 보세요.

낫 놓고 기역 자도 모른다.

속담 나와라 뚝딱!

그림의 (   )

21

될성부른 나무는 떡잎부터 알아본다.

훌륭하게 자랄 사람은 어릴 때부터 알아볼 수 있다는 말이에요.

또박또박 칸에 맞게 따라 써 보세요.

| 될 | 성 | 부 | 른 | | 나 | 무 | 는 | | 떡 | 잎 | 부 | 터 | |
| 알 | 아 | 본 | 다 | . | | | | | | | | | |

뜻을 생각하며 천천히 따라 써 보세요.

될성부른 나무는 떡잎부터 알아본다.

속담 나와라 뚝딱!

(   ) 놓고 (   ) 자도 모른다.

07일째

등잔 밑이 어둡다.

가까이 있는 것이 도리어 알기 어렵다는 말이에요.

또박또박 칸에 맞게 따라 써 보세요.

등	잔		밑	이		어	둡	다	.			

뜻을 생각하며 천천히 따라 써 보세요.

등잔 밑이 어둡다.

_____

_____

_____

속담 나와라 뚝딱!

ㄷ ㅅ ㅂ ㄹ

나무는 (　　　　)부터 알아본다.

떡 줄 사람은 꿈도 안 꾸는데 김칫국 부터 마신다.

해 줄 사람은 생각지도 않는데 혼자 미리 기대한다는 말이에요.

또박또박 칸에 맞게 따라 써 보세요.

떡		줄		사	람	은		꿈	도		안		꾸
는	데		김	칫	국	부	터		마	신	다	.	

뜻을 생각하며 천천히 따라 써 보세요.

떡 줄 사람은 꿈도 안 꾸는데 김칫국부터
마신다.

속담 나와라 뚝딱!

(   ) 밑이 어둡다.

09일째

아니 땐 굴뚝에 연기 날까.

모든 일에는 반드시 원인이 있다는 말이에요.

또박또박 칸에 맞게 따라 써 보세요.

아	니		땐		굴	뚝	에		연	기		날	까.

뜻을 생각하며 천천히 따라 써 보세요.

아니 땐 굴뚝에 연기 날까.

속담 나와라 뚝딱!

(   ) 줄 사람은 꿈도 안 꾸는데
(   )부터

ㅁㅅㄷ

10일째

쥐구멍에도 볕 들 날 있다.

몹시 고생하던 사람에게도 운수 좋은 날이 온다는 말이에요.

또박또박 칸에 맞게 따라 써 보세요.

쥐	구	멍	에	도		볕		들		날		있	다.

뜻을 생각하며 천천히 따라 써 보세요.

쥐구멍에도 볕 들 날 있다.

속담 나와라 뚝딱!

아니 땐 (　　　)에 　　　　 날까.

퀴즈 풀고 속담 먹고

빈칸에 알맞은 단어를 아래의 상자에서 골라 써 넣으세요.

| 떡잎 낫 굴뚝 등잔 |

① 곡식, 나무, 풀 등을 베는 데 쓰는 농기구

② 씨앗이 움트면서 처음 나오는 잎

③ 불을 땔 때 연기가 밖으로 빠져나가게 만든 것

④ 기름을 담아 등불을 켜는데 쓰는 그릇

어울리는 말끼리 연결하세요.

개구리 올챙이 적
생각 못 한다.

등잔 밑이 어둡다.

구슬이 서 말이라도
꿰어야 보배

낮말은 새가 듣고
밤말은 쥐가 듣는다.

낫 놓고 기역 자도 모른다.

떡 줄 사람은 꿈도 안 꾸는
데 김칫국부터 마신다.

그림의 떡

쥐구멍에도
볕 들 날 있다.

아니 땐 굴뚝에
연기 날까.

될성부른 나무는
떡잎부터 알아본다.

아무리 비밀로 한 말도 새어
나갈 수 있으니 조심해야 해요.

아주 무식해요.

아무리 마음에 들어도
차지할 수 없어요.

형편이 좋아졌다고 어려웠던
지난날을 잊고 잘난 척해요.

훌륭하게 자랄 친구는
어릴 때부터 남다르지요.

좋은 것이 많아도 쓸모 있게
써야 가치가 있어요.

가까이 있는 것이 때로는
더 알기 어렵답니다.

해 줄 사람은 생각도 안 하는데
혼자 기대하네요.

원인 없는 일은 없겠죠?

몹시 고생하던 사람에게도 노력하면
언젠가는 좋은 날이 온답니다.

 각 번호에서 같은 뜻 다른 속담을 연결하여 길을 찾아가 보세요!

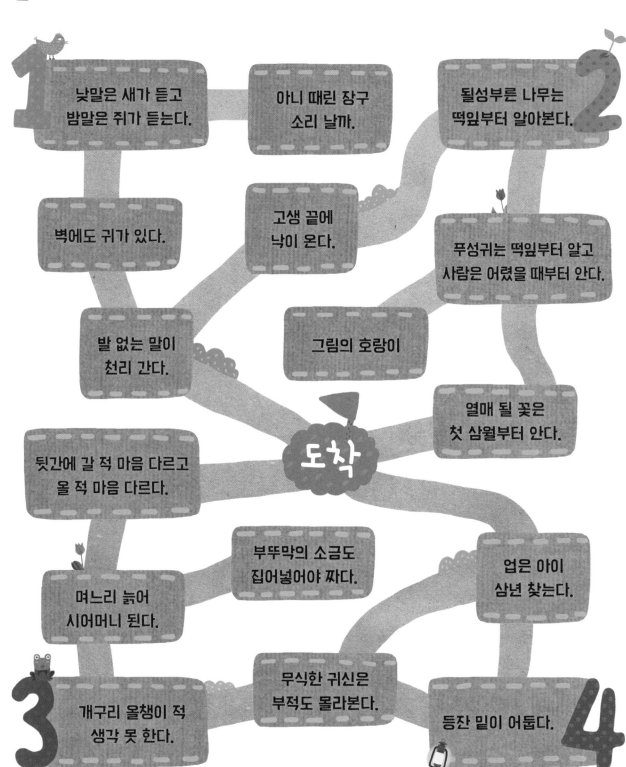

낮말은 새가 듣고 밤말은 쥐가 듣는다.

아니 때린 장구 소리 날까.

될성부른 나무는 떡잎부터 알아본다.

벽에도 귀가 있다.

고생 끝에 낙이 온다.

푸성귀는 떡잎부터 알고 사람은 어렸을 때부터 안다.

발 없는 말이 천리 간다.

그림의 호랑이

열매 될 꽃은 첫 삼월부터 안다.

도착

뒷간에 갈 적 마음 다르고 올 적 마음 다르다.

부뚜막의 소금도 집어넣어야 짜다.

업은 아이 삼년 찾는다.

며느리 늙어 시어머니 된다.

무식한 귀신은 부적도 몰라본다.

등잔 밑이 어둡다.

개구리 올챙이 적 생각 못 한다.

대화문에 알맞은 속담을 넣어 보세요.

(   )더니,
어렸을 때부터 운동을 잘했던 민준이가 드디어
수영대회에서 1등을 했대.

정말? 나는 모르고 있었는데.

(   )더니,
너는 남의 반에서 생긴 일은 잘 알면서 왜 너희
반에서 생긴 일은 하나도 모르고 있는 거야?

그러게. 이제부터 우리 반 친구들에게 관심을 더
가져야겠다.

그런데 (   )고
민준이가 수영대회에서 1등을 하더니 굉장히 거만
해졌대.

그래? 민준이가 그럴 리가 없을 텐데. 아닐 거야.

(   ) 것 봤니?
친구들이 그렇게 얘기할 때는 다 이유가 있는 거야.

두 번째 속담 꾸러미

11일째 ~ 20일째

14일째

17일째

18일째

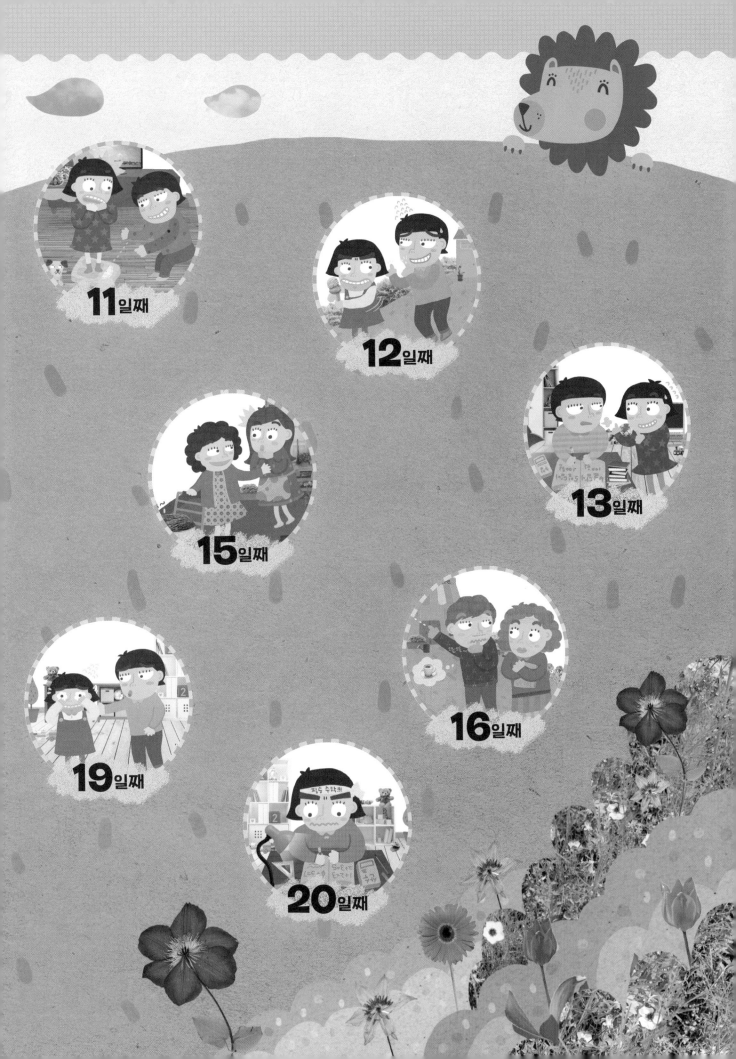

11일째

콩 심은 데 콩 나고 팥 심은 데 팥 난다.

모든 일은 원인에 따라서 결과가 생긴다는 말이에요.

또박또박 칸에 맞게 따라 써 보세요.

콩		심	은		데		콩		나	고		팥
심	은		데		팥		난	다	.			

뜻을 생각하며 천천히 따라 써 보세요.

콩 심은 데 콩 나고 팥 심은 데 팥 난다.

속담 나와라 뚝딱!

ㅈㄱㅁ

 에도 ( ) 들 날 있다.

12일째

가는 말이 고와야 오는 말이 곱다.

남에게 말이나 행동을 좋게 하여야 남도 나에게 좋게 한다는 말이에요.

또박또박 칸에 맞게 따라 써 보세요.

가	는		말	이		고	와	야		오	는		말
이		곱	다	.									

뜻을 생각하며 천천히 따라 써 보세요.

가는 말이 고와야 오는 말이 곱다.

속담 나와라 뚝딱!

(   ) 심은 데 (   ) 나고 (   ) 심은 데 (   ) 난다.

가랑비에 옷 젖는 줄 모른다.

아무리 사소한 것이라도 그것이 거듭되면 무시하지 못할 정도로 크게 된다는 말이에요.

또박또박 칸에 맞게 따라 써 보세요.

가	랑	비	에		옷		젖	는		줄		모	른
다	.												

뜻을 생각하며 천천히 따라 써 보세요.

가랑비에 옷 젖는 줄 모른다.

속담 나와라 뚝딱!

가는 (　　　)이 고와야 오는 (　　　)이 곱다.

닭 쫓던 개 지붕만 쳐다본다.

애써 하던 일이 실패로 돌아가 어찌할 도리가 없다는 말이에요.

또박또박 칸에 맞게 따라 써 보세요.

닭		쫓	던		개		지	붕	만		쳐	다	본
다	.												

뜻을 생각하며 천천히 따라 써 보세요.

닭 쫓던 개 지붕만 쳐다본다.

ㄱㄹㅂ

에 (　　　) 젖는 줄 모른다.

45

되로 주고 말로 받는다.

조금 주고 그 대가로 몇 배나 많이 받는 경우를 이르는 말이에요.

어머!
배추 한 포기
드렸을 뿐인데.

김장 김치
맛좀 봐요.

수북~

되	로		주	고		말	로		받	는	다	.	

뜻을 생각하며 천천히 따라 써 보세요.

되로 주고 말로 받는다.

속담 나와라 뚝딱!

(   ) 쫓던 개 ^{ㅈㅂ} 만 쳐다본다.

16일째

세 살 버릇 여든까지 간다.

어릴 때 몸에 밴 버릇은 늙어 죽을 때까지 고치기 힘들다는 말이에요.

또박또박 칸에 맞게 따라 써 보세요.

세	살	버	릇	여	든	까	지	간	다	.

뜻을 생각하며 천천히 따라 써 보세요.

세 살 버릇 여든까지 간다.

(   )로 주고 (   )로 받는다.

열 번 찍어 안 넘어가는 나무 없다.

노력하면 안 되는 일이 없다는 말이에요.

열 번 찍어 안 넘어가는 나무 없다고 했어. 연습해서 쌩쌩이를 꼭 해야지!

또박또박 칸에 맞게 따라 써 보세요.

열		번		찍	어		안		넘	어	가	는
나	무		없	다	.							

뜻을 생각하며 천천히 따라 써 보세요.

열 번 찍어 안 넘어가는 나무 없다.

속담 나와라 뚝딱!

ㅅ ㅅ ㅂㄹ

(   )까지 간다.

18일째

자라 보고 놀란 가슴 솥뚜껑 보고 놀란다.

어떤 사물에 몹시 놀란 사람은 비슷한 사물만 보아도 겁을 낸다는 말이에요.

또박또박 칸에 맞게 따라 써 보세요.

| 자 | 라 | | 보 | 고 | | 놀 | 란 | | 가 | 슴 | | 솥 | 뚜 |
| 껑 | | 보 | 고 | | 놀 | 란 | 다 | . | | | | | |

| | | | | | | | | | | | | | |
| | | | | | | | | | | | | | |

뜻을 생각하며 천천히 따라 써 보세요.

자라 보고 놀란 가슴 솥뚜껑 보고 놀란다.

속담 나와라 뚝딱!

ㅇ ㅂ ㅉㅇ

안 넘어가는 (   )

없다.

19일째

작은 고추가 맵다.

몸집이 작은 사람이 큰 사람보다 재주가 뛰어나고 야무지다는 말이에요.

또박또박 칸에 맞게 따라 써 보세요.

작	은		고	추	가		맵	다	.			

뜻을 생각하며 천천히 따라 써 보세요.

작은 고추가 맵다.

속담 나와라 뚝딱!

(   ) 보고 놀란 가슴

보고 놀란다.

ㅅㄸㄲ

20일째

티끌 모아 태산

아무리 적은 것이라도 모이면 큰 것이 될 수 있다는 말이에요.

또박또박 칸에 맞게 따라 써 보세요.

티	끌		모	아		태	산					

뜻을 생각하며 천천히 따라 써 보세요.

티끌 모아 태산

속담 나와라 뚝딱!

작은 ( )가 맵다.

퀴즈 풀고 속담 먹고

 빈칸에 알맞은 단어를 아래의 상자에서 골라 써 넣으세요.

태산　자라　가랑비　말　여든　티끌

1 가늘게 내리는 비. 이슬
비보다는 좀 굵어요.

2 곡식이나 가루 등의 부피를
재는 단위. 열 되와 같아요.

3 열의 여덟 배가
되는 수

4 거북과 비슷해요. 등딱지의 중앙
선 부분만 단단하고, 다른 부분은
부드러운 피부로 덮여 있어요.

5 티와 먼지를 통틀어 이르는
말로 몹시 작거나 적을 것을
이렇게 표현하기도 해요.

6 높고 큰 산.
아주 크고 많을 때
이렇게 표현한답니다.

어울리는 말끼리 연결하세요.

가랑비에
옷 젖는 줄 모른다.

열 번 찍어
안 넘어가는 나무 없다.

콩 심은 데 콩 나고
팥 심은 데 팥 난다.

자라 보고 놀란 가슴
솥뚜껑 보고 놀란다.

되로 주고 말로 받는다.

가는 말이 고와야
오는 말이 곱다.

세 살 버릇
여든까지 간다.

작은 고추가 맵다.

티끌 모아 태산

닭 쫓던 개
지붕만 쳐다본다.

남에게 말과 행동을 좋게 해야
남도 내게 좋게 한답니다.

애써 하던 일이 실패로 돌아가
버렸으니 무척 속상하겠지요?

조금 주었을 뿐인데 몇 배로
돌려받았어요.

한 번 밴 버릇은 늙어도 고치기 힘들어요.
특히 나쁜 버릇은 더욱 그렇답니다.

아무리 작은 일도 거듭되면 무시하지
못 할 만큼 크게 될 수도 있답니다.

어떤 일이든 원인에 따라
결과가 생기지요.

노력하면 안 되는 일 없답니다.
우리 모두 열심히 노력해요!

어떤 물건을 보고 놀란 사람은 그것과
비슷한 것만 봐도 깜짝 놀란답니다.

작다고 무시하지 마세요! 작은 사람이
재주가 뛰어나고 야무지답니다.

아무리 적은 것도 꾸준히
모으면 큰 것이 된답니다.

 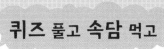

 낱말을 연결하여 속담을 만들어 보세요.

뜨거운 물에

천 리

가는 정이

데인

있어야

길도

놈은

오는

숭늉보고도

정도

한

있다.

놀란다.

걸음부터.

가는 말이 고와야
오는 말도 곱다.

자라 보고 놀란
가슴 솥뚜껑 보고
놀란다.

티끌 모아 태산

동생아, 용돈 좀 빌려줄래? (   )
고 한 달 용돈을 야금야금 쓰다 보니 일주일도 못 되
어 다 써 버렸어.

싫어. 나도 용돈이 얼마 없다고. 쌤통이다 메롱 메롱.
아야. 왜 때려!

억울하게 생각하지 마. (   )
고 네가 먼저 오빠를 약 올리니까 오빠가 너를 때린
거잖아.

엄마! 오빠가 저를 때렸어요.

(   )더니 나는
한 대밖에 안 때렸는데, 엄마한테 엄청나게 혼나게
생겼네.

(   )고 오빠가
나를 자꾸 때리는 버릇은 얼른 고쳐야 해.

세 번째 속담 꾸러미

21일째 ~ 30일째

24일째

27일째

28일째

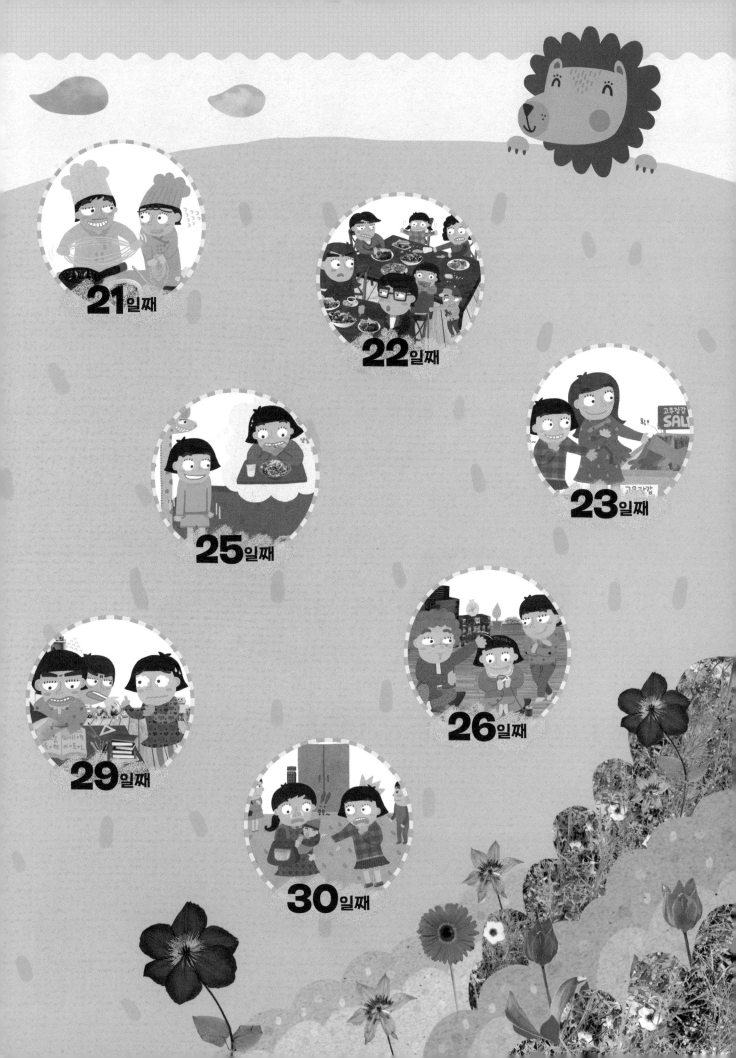

하룻강아지 범 무서운 줄 모른다.

상대가 어떤지도 잘 모르고 철없이 함부로 덤빈다는 말이에요.

또박또박 칸에 맞게 따라 써 보세요.

하	룻	강	아	지		범		무	서	운		줄
모	른	다	.									

뜻을 생각하며 천천히 따라 써 보세요.

하룻강아지 범 무서운 줄 모른다.

ㅌ ㄲ

모아 (   )

가지 많은 나무에 바람 잘 날 없다.

자식을 많이 둔 어버이에게는 근심, 걱정이 끊일 날이 없다는 말이에요.

또박또박 칸에 맞게 따라 써 보세요.

가	지		많	은		나	무	에		바	람		잘	∨
날		없	다	.										

뜻을 생각하며 천천히 따라 써 보세요.

가지 많은 나무에 바람 잘 날 없다.

속담 나와라 뚝딱!

ㅎㄹㄱㅇㅈ

(   ) 무서운 줄 모른다.

같은 값이면 다홍치마

값이 같거나 같은 노력을 한다면 품질이 좋은 것을 택한다는 말이에요.

또박또박 칸에 맞게 따라 써 보세요.

같	은		값	이	면		다	홍	치	마		

뜻을 생각하며 천천히 따라 써 보세요.

같은 값이면 다홍치마

속담 나와라 뚝딱!

ㄱㅈ

많은 (   )에 (   ) 잘
날 없다.

고래 싸움에 새우 등 터진다.

강한 자들끼리 싸우는 통에 아무 상관도 없는 약한 자가 중간에 끼어 피해를 보게 된다는 말이에요.

또박또박 칸에 맞게 따라 써 보세요.

고	래		싸	움	에		새	우		등		터	진
다	.												

뜻을 생각하며 천천히 따라 써 보세요.

고래 싸움에 새우 등 터진다.

속담 나와라 뚝딱!

ㄷ ㅎ ㅊ ㅁ

(   ) 값이면

고생 끝에 낙이 온다.

어려운 일이나 고된 일을 겪은 뒤에는 반드시 즐겁고 좋은 일이 생긴다는 말이에요.

또박또박 칸에 맞게 따라 써 보세요.

고	생		끝	에		낙	이		온	다	.		

뜻을 생각하며 천천히 따라 써 보세요.

고생 끝에 낙이 온다.

속담 나와라 뚝딱!

( ) 싸움에 ( ) 등 터진다.

굼벵이도 구르는 재주가 있다.

아무리 미련하고 못난 사람도 한 가지 재주는 있다는 말이에요.

훗! 굼벵이도 구르는 재주가 있다더니!

또박또박 칸에 맞게 따라 써 보세요.

| 굼 | 벵 | 이 | 도 | | 구 | 르 | 는 | | 재 | 주 | 가 | | 있 |
| 다 | . | | | | | | | | | | | | |

| | | | | | | | | | | | | |
| | | | | | | | | | | | | |

뜻을 생각하며 천천히 따라 써 보세요.

굼벵이도 구르는 재주가 있다.

속담 나와라 뚝딱!

ㄱ ㅅ

끝에 (　　　)이 온다.

까마귀 날자 배 떨어진다.

아무 관계 없이 한 일이 공교롭게도 때가 같아 어떤 관계가 있는 것처럼 의심을 받게 된다는 말이에요.

까악~ 까악~~

또박또박 칸에 맞게 따라 써 보세요.

까	마	귀		날	자		배		떨	어	진	다	.

뜻을 생각하며 천천히 따라 써 보세요.

까마귀 날자 배 떨어진다.

속담 나와라 뚝딱!

ㄱㅂㅇ

도 구르는 (　　　)가 있다.

꿩 대신 닭

꼭 원하는 것이 없을 때 비슷한 것이라도 대신한다는 말이에요.

또박또박 칸에 맞게 따라 써 보세요.

꿩		대	신		닭							

뜻을 생각하며 천천히 따라 써 보세요.

꿩 대신 닭

속담 나와라 뚝딱!

(   ) 날자 (   ) 떨어진다.

내 코가 석 자다.

내 사정이 급해서 남을 돌볼 여유가 없다는 말이에요.

내		코	가		석		자	다	.			

뜻을 생각하며 천천히 따라 써 보세요.

내 코가 석 자다.

속담 나와라 뚝딱!

(　　　) 대신 (　　　)

81

도둑이 제 발 저리다.

지은 죄가 있으면 자연히 마음이 조마조마해진다는 말이에요.

또박또박 칸에 맞게 따라 써 보세요.

도	둑	이		제		발		저	리	다	.		

뜻을 생각하며 천천히 따라 써 보세요.

도둑이 제 발 저리다.

속담 나와라 뚝딱!

ㅅ ㅈㄷ

내 (　　　)가 　　　　　　 .

퀴즈 풀고 속담 먹고

 빈칸에 알맞은 단어를 아래의 상자에서 골라 써 넣으세요.

다홍   굼벵이   자   저리다   범   낙

1 짙고 산뜻한 붉은 색

2 호랑이의 다른 말

3 매미, 풍뎅이와 같은 딱정벌레목의 애벌레. 동작이 느린 사람을 이렇게 표현하기도 함

4 즐거움이나 재미

5 길이의 단위로 30.3cm에 해당되며 한 치의 열 배와 같은 길이

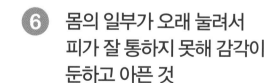

6 몸의 일부가 오래 눌려서 피가 잘 통하지 못해 감각이 둔하고 아픈 것

어울리는 말끼리 연결하세요.

강한 자들끼리 싸우는 통에 아무 상관 없는 자가 중간에 끼어 피해를 보게 된다.

고래 싸움에 새우 등 터진다.

아무리 미련한 사람도 한 가지 재주는 있다.

고생 끝에 낙이 온다.

같은 값이나 같은 노력을 한다면 품질이 좋은 것을 택한다.

가지 많은 나무에 바람 잘 날 없다.

자식이 많은 어버이에게는 걱정이 끊일 날이 없다.

도둑이 제 발 저리다.

아무 관계 없이 한 일이 공교롭게도 때가 같아 의심을 받게 된다.

굼벵이도 구르는 재주가 있다.

어려운 일을 겪은 뒤에 반드시 좋은 일이 생긴다.

같은 값이면 다홍치마

지은 죄가 있으면 자연히 마음이 조마조마해진다.

내 코가 석 자다.

내 사정이 급해서 남을 돌볼 틈이 없다.

까마귀 날자 배 떨어진다.

 빈칸에 알맞은 말을 넣어 속담을 만들어 보세요.

시작!

[   ] 도 논두렁 넘을 꾀가 있다.

굼벵이도 구르는 재주가 있다.

도랑 치고 [   ] 잡는다.

꿩 먹고 알 먹고

두꺼비 싸움에 [   ] 치인다.

고래 싸움에 새우 등 터진다.

발등에 [   ] 떨어지다.

내 코가 석 자다.

골인!

86

괄호 안에 알맞은 속담을 넣어 보세요.

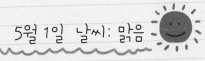

5월 1일 날씨: 맑음

　　오늘 친구들과 함께 우리 집에서 신나게 놀았다. 친구들이 돌아간 후 방이 너무 지저분해서 형에게 방 청소를 도와 달라고 했다. 형은 형의 방도 너무 지저분해서

　　(　　　　　　　　　　　　　　　　　　　　　　　)라며 도와줄 수 없다고 했다.

　　나는 힘들었지만 혼자서 열심히 청소했다.

　　엄마가 보시고는 (　　　　　　　　　　　　　　　　)더니

내가 이렇게 깨끗하게 청소를 할 줄은 몰랐다고 하셨다.

　　기분이 좋아지신 엄마는 휴대폰을 사 주시겠다고 하셨다.

　　(　　　　　　　　　　　　　　　　)고 열심히 청소했더니

드디어 휴대폰을 갖게 되었다.

　　(　　　　　　　　　　　　　　　　)라고 최신폰으로 사주시면

얼마나 좋을까?

다음 속담을 넣어 짧은 글짓기를 해 보세요.

고래 싸움에 새우 등 터진다.

네 번째 속담 꾸러미

31일째 ~ 40일째

34일째

37일째

38일째

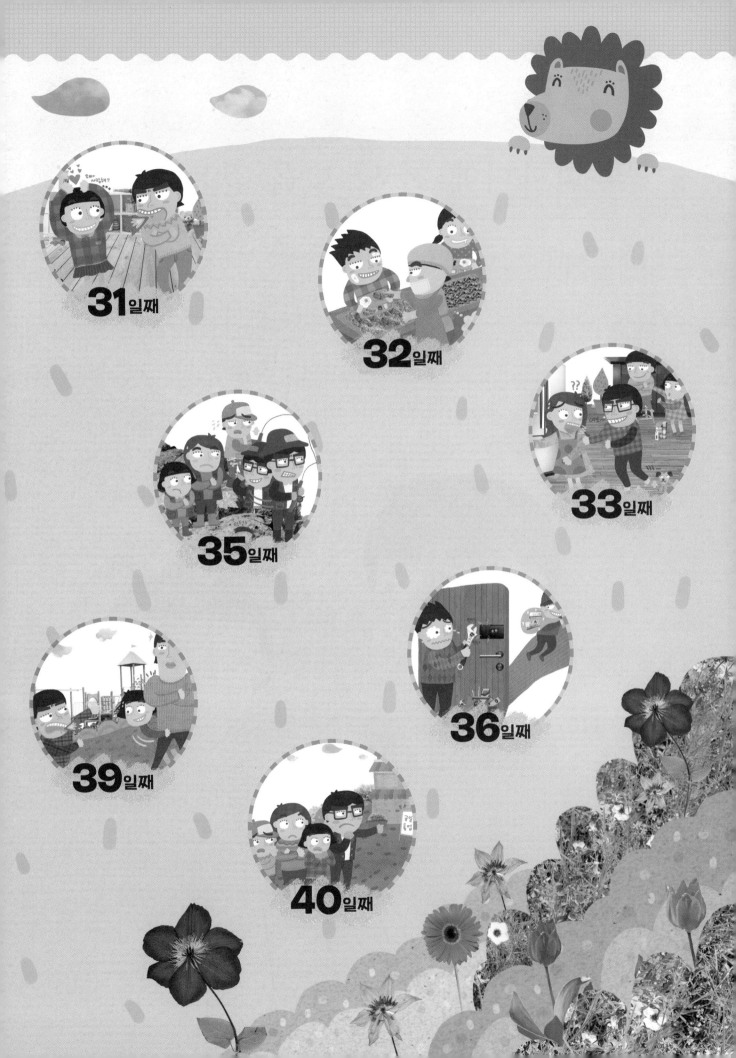

말 한마디에 천 냥 빚을 갚는다.

말만 잘하면 어려운 일이나 불가능해 보이는 일도 해결할 수 있다는 말이에요.

또박또박 칸에 맞게 따라 써 보세요.

말		한	마	디	에		천		냥		빚	을
갚	는	다	.									

뜻을 생각하며 천천히 따라 써 보세요.

말 한마디에 천 냥 빚을 갚는다.

속담 나와라 뚝딱!

(   )이 제 (   ) 저리다.

미운 놈 떡 하나 더 준다.

미워하는 사람일수록 잘해 주고 인심을 얻어 그로부터의 뒤탈이 없도록 해
야 한다는 말이에요.

또박또박 칸에 맞게 따라 써 보세요.

미	운		놈		떡		하	나		더		준	다.

뜻을 생각하며 천천히 따라 써 보세요.

미운 놈 떡 하나 더 준다.

속담 나와라 뚝딱!

ㄱㄴㄷ

(　　　) 한마디에 천 냥 빚을 　　　　.

93

33일째

바늘 가는 데 실 간다.

서로 밀접한 관계가 있는 사람끼리는 떨어지지 아니하고 항상 따른다는 말이에요.

바	늘		가	는		데		실		간	다	.	

뜻을 생각하며 천천히 따라 써 보세요.

바늘 가는 데 실 간다.

속담 나와라 뚝딱!

ㅁㅇ

놈 (　　　) 하나 더 준다.

발 없는 말이 천 리 간다.

소문은 빨리 전달되므로 말조심하라는 말이에요.

또박또박 칸에 맞게 따라 써 보세요.

발		없	는		말	이		천		리		간	다.

뜻을 생각하며 천천히 따라 써 보세요.

발 없는 말이 천 리 간다.

속담 나와라 뚝딱!

ㅂㄴ

가는 데 (   ) 간다.

빈 수레가 더 요란하다.

실속 없는 사람이 겉으로 더 떠들어 댐을 비유적으로 이르는 말이에요.

또박또박 칸에 맞게 따라 써 보세요.

빈		수	레	가		더		요	란	하	다	.	

뜻을 생각하며 천천히 따라 써 보세요.

빈 수레가 더 요란하다.

속담 나와라 뚝딱!

ㅊㄹ

(　　)없는 (　　)이　　　　　 간다.

소 잃고 외양간 고친다.

일이 이미 잘못된 뒤에는 손을 써도 소용이 없음을 비꼬는 말이에요.

또박또박 칸에 맞게 따라 써 보세요.

소		잃	고		외	양	간		고	친	다	.	

뜻을 생각하며 천천히 따라 써 보세요.

소 잃고 외양간 고친다.

속담 나와라 뚝딱!

ㅇㄹㅎㄷ

빈 (　　　　) 가 더 ～～～～～～ .

37일째

쇠귀에 경 읽기

아무리 가르치고 일러 주어도 알아듣지 못함을 이르는 말이에요.

얘들아, 밥 먹어!
쇠귀에 경 읽기가
따로 없군!

쇠	귀	에		경		읽	기					

뜻을 생각하며 천천히 따라 써 보세요.

쇠귀에 경 읽기

속담 나와라 뚝딱!

ㅇㅇㄱ

(　　　) 잃고 　　　　　 고친다.

지렁이도 밟으면 꿈틀거린다.

아무리 순하고 좋은 사람이라도 너무 업신여기면 가만히 있지 않는다는 말이에요.

또박또박 칸에 맞게 따라 써 보세요.

지	렁	이	도		밟	으	면		꿈	틀	거	린	다.

뜻을 생각하며 천천히 따라 써 보세요.

지렁이도 밟으면 꿈틀거린다.

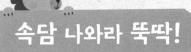

속담 나와라 뚝딱!

쇠(   )에 (   ) 읽기

39일째

하늘이 무너져도 솟아날 구멍이 있다.

아무리 어려운 경우에 처하더라도 살아 나갈 방도는 생긴다는 말이에요.

또박또박 칸에 맞게 따라 써 보세요.

하	늘	이		무	너	져	도		솟	아	날		구
멍	이		있	다	.								

뜻을 생각하며 천천히 따라 써 보세요.

하늘이 무너져도 솟아날 구멍이 있다.

속담 나와라 뚝딱!

ㄲ ㅌ ㄱ ㄹ ㄷ

(　　　　　)도 밟으면　　　　　　.

40일째

가는 날이 장날

어떤 일을 하려고 하는데 뜻하지 않은 일을 공교롭게 당함을 비유적으로 이르는 말이에요.

또박또박 칸에 맞게 따라 써 보세요.

가	는		날	이		장	날			

뜻을 생각하며 천천히 따라 써 보세요.

가는 날이 장날

ㅁㄴㅈㄷ

(   )이   솟아날 구멍이
있다.

퀴즈 풀고 속담 먹고

빈칸에 알맞은 단어를 아래의 상자에서 골라 써 넣으세요.

수레　냥　경　장날　리　외양간

1 소, 말을 기르는 곳

2 바퀴를 달아서 굴러가게 만든 탈것

3 거리의 단위로 약 0.393km에 해당

4 옛날에 엽전을 세던 단위로 한 돈의 열 배

5 조상들의 사상이나 교리를 써 놓은 책

6 시장이 서는 날

어울리는 말끼리 연결하세요.

미운 놈 떡 하나 더 준다.

발 없는 말이 천리 간다.

빈 수레가 더 요란하다.

말 한마디에 천 냥 빚을 갚는다.

쇠귀에 경 읽기

하늘이 무너져도 솟아날 구멍이 있다.

가는 날이 장날

바늘 가는 데 실 간다.

지렁이도 밟으면 꿈틀거린다.

소 잃고 외양간 고친다.

말만 잘하면 어려운 일도 의외로 쉽게 해결할 수 있어요.

미워하는 사람일수록 잘해 줘야 뒤탈이 없답니다.

항상 붙어 다니는 사람들을 보면 생각나는 속담이지요.

이미 엎지른 물을 다시 담을 수는 없는 법이지요. 항상 미리 대비해야 한답니다.

실속 없는 사람이 겉으로만 번지르르한 경우도 있답니다.

아무리 가르쳐도 못 알아듣는다면 정말 답답하겠지요?

소문은 빨리 전해지므로 말조심해야 해요!

아무리 순하고 착한 사람이라도 너무 업신여기면 계속 참지는 않을 거예요.

어떤 어려움이 닥쳐도 차분히 생각하면 해결방법을 찾을 수 있어요.

어떤 일을 하려는데 공교롭게도 뜻하지 않은 일이 생겼지 뭐예요.

 빈칸에 알맞은 말을 넣어 속담을 만들어 보세요.

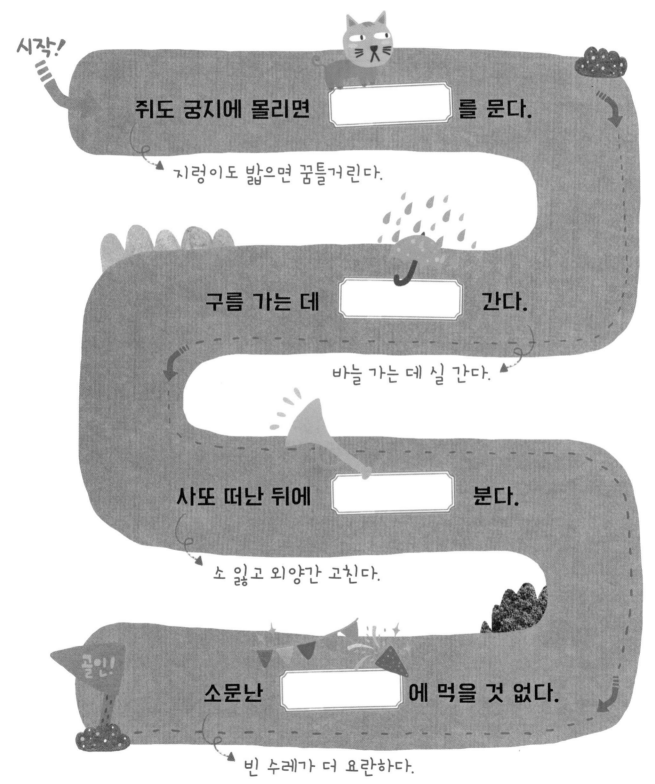

시작!

쥐도 궁지에 몰리면 [   ]를 문다.

지렁이도 밟으면 꿈틀거린다.

구름 가는 데 [   ] 간다.

바늘 가는 데 실 간다.

사또 떠난 뒤에 [   ] 분다.

소 잃고 외양간 고친다.

골인!

소문난 [   ]에 먹을 것 없다.

빈 수레가 더 요란하다.

112

괄호 안에 알맞은 속담을 넣어 보세요.

오빠, 이 문제 푸는 법 좀 가르쳐 줘.

(   )더니 시험
빵점 맞고 나서 열심히 공부하려고?

(   )고, 오빠 자꾸
그렇게 놀리면 엄마한테 이를 거야.

(잠시 후)

수학 문제를 한 시간 동안 설명해 줬는데도 도대체
이해를 못 하겠니?
정말 (   )야.

아래 속담을 오늘날에 알맞은 속담으로 직접 만들어 보세요.

소 잃고 외양간 고친다.

다섯 번째 속담 꾸러미

41일째 ~ 50일째

44일째

47일째

48일째

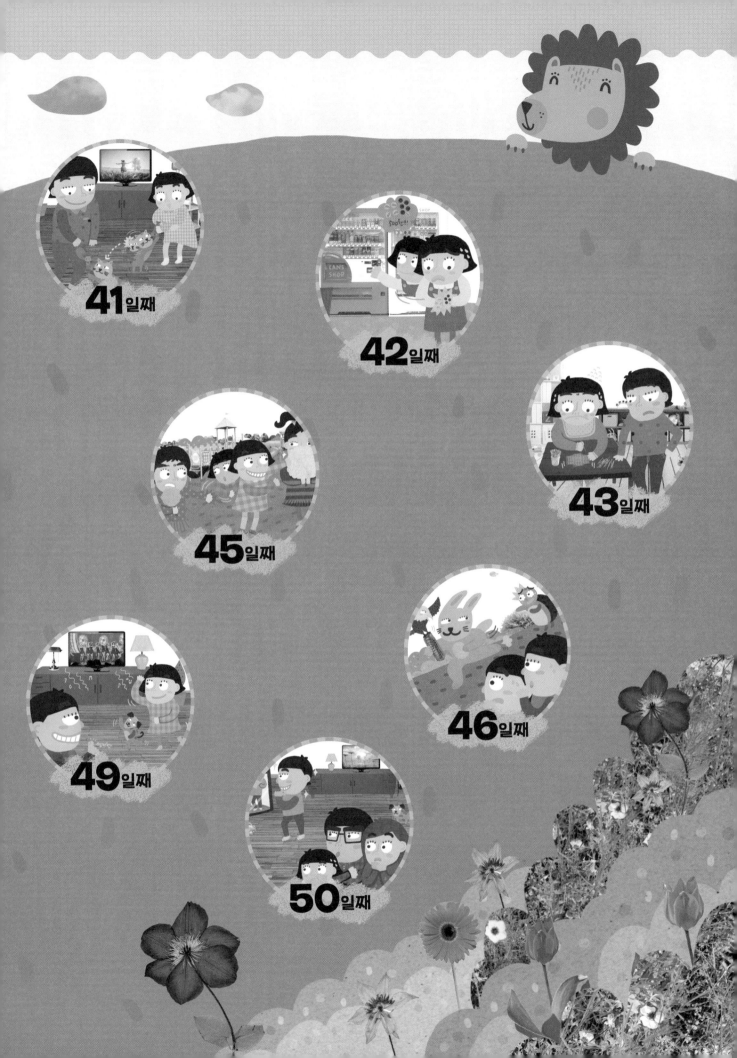

41일째

42일째

43일째

45일째

46일째

49일째

50일째

간에 가 붙고 쓸개에 가 붙고

이익을 위해서 여기저기 아무에게나 가서 아첨하는 것을 이르는 말이에요.

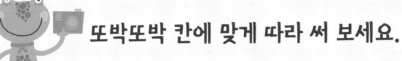

또박또박 칸에 맞게 따라 써 보세요.

간	에		가		붙	고		쓸	개	에		가
붙	고											

뜻을 생각하며 천천히 따라 써 보세요.

간에 가 붙고 쓸개에 가 붙고

ㄱㄴ

날이 (   )

42일째

개똥도 약에 쓰려면 없다.

평소에 흔하던 것도 막상 쓰려고 구하면 없다는 말이에요.

또박또박 칸에 맞게 따라 써 보세요.

개	똥	도		약	에		쓰	려	면		없	다	.

뜻을 생각하며 천천히 따라 써 보세요.

개똥도 약에 쓰려면 없다.

속담 나와라 뚝딱!

(　　　)에 가 붙고 (　　　)에 가 붙고

공든 탑이 무너지랴.

정성을 다하여 한 일은 그 결과가 헛되지 않음을 이르는 말이에요.

또박또박 칸에 맞게 따라 써 보세요.

공	든		탑	이		무	너	지	랴	.			

뜻을 생각하며 천천히 따라 써 보세요.

공든 탑이 무너지랴.

속담 나와라 뚝딱!

(   )도 (   )에 쓰려면 없다.

44일째

누워서 침 뱉기

남을 해치려고 하다가 도리어 자기가 해를 입게 된다는 말이에요.

또박또박 칸에 맞게 따라 써 보세요.

누	워	서		침		뱉	기				

뜻을 생각하며 천천히 따라 써 보세요.

누워서 침 뱉기

ㅁㄴㅈㄹ

공든 (　　)이 　　　　　　　.

123

달면 삼키고 쓰면 뱉는다.

의리를 지키지 않고 자기의 이익만을 꾀한다는 말이에요.

달면 삼키고 쓰면
뱉는 친구였어.

또박또박 칸에 맞게 따라 써 보세요.

달	면		삼	키	고		쓰	면		뱉	는	다	.

뜻을 생각하며 천천히 따라 써 보세요.

달면 삼키고 쓰면 뱉는다.

ㄴㅇㅅ

(　　　) 뱉기

뛰는 놈 위에 나는 놈 있다.

아무리 재주가 뛰어나다 하더라도 그보다 더 뛰어난 사람이 있다는 말이
에요.

또박또박 칸에 맞게 따라 써 보세요.

뛰	는		놈		위	에		나	는		놈		있
다	.												

뜻을 생각하며 천천히 따라 써 보세요.

뛰는 놈 위에 나는 놈 있다.

속담 나와라 뚝딱!

ㅂㄴㄷ

(   ) 삼키고 쓰면   .

47일째

믿는 도끼에 발등 찍힌다.

믿고 있던 사람이 배반하여 오히려 해를 입는다는 말이에요.

또박또박 칸에 맞게 따라 써 보세요.

믿	는		도	끼	에		발	등		찍	힌	다	.

뜻을 생각하며 천천히 따라 써 보세요.

믿는 도끼에 발등 찍힌다.

속담 나와라 뚝딱!

ㄴ ㄴ

뛰는 (　　　) 위에 　　　　 (　　　　) 있다.

48일째

벼 이삭은 익을수록 고개를 숙인다.

교양이 있고 수양을 쌓은 사람일수록 겸손하고 남 앞에서 자기를 내세우려 하지 않는다는 말이에요.

또박또박 칸에 맞게 따라 써 보세요.

벼		이	삭	은		익	을	수	록		고	개	를
숙	인	다	.										

뜻을 생각하며 천천히 따라 써 보세요.

벼 이삭은 익을수록 고개를 숙인다.

속담 나와라 뚝딱!

믿는 (   )에 (   ) 찍힌다.

49일째

서당 개 삼 년이면 풍월을 읊는다.

어떤 일이든 전문가가 아니어도 자주 듣고 보다 보면 자연스럽게 배우게
된다는 말이에요.

서당 개 3년이면
풍월을 읊는다더니
담이보다 나은걸!

엄지척!

또박또박 칸에 맞게 따라 써 보세요.

서	당		개		삼		년	이	면		풍	월	을	∨
읊	는	다	.											

뜻을 생각하며 천천히 따라 써 보세요.

서당 개 삼 년이면 풍월을 읊는다.

속담 나와라 뚝딱!

ㅇ ㅇ ㅅ ㄹ

벼 ( )은   고개를 숙

인다.

50일째

우물 안 개구리

세상의 넓은 형편을 알지 못하는 사람을 이르는 말이에요.

우	물		안		개	구	리				

뜻을 생각하며 천천히 따라 써 보세요.

우물 안 개구리

속담 나와라 뚝딱!

(   ) 개 (   ) 년이면 ᅭᅠ ᄋᅠ   을
읊는다.

퀴즈 풀고 속담 먹고

빈칸에 알맞은 단어를 아래의 상자에서 골라 써 넣으세요.

서당   우물   간   쓸개   풍월   이삭

1 간에서 나오는 쓸개즙을 일시적으로 저장하는 주머니

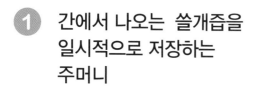

2 탄수화물을 저장하고, 단백질과 당의 대사를 조절하며, 해독 작용을 하는 우리 몸의 기관

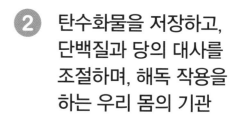

3 옛날에 한문을 가르치던 공부방

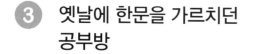

4 곡식에서, 꽃이 피고 열매가 열리는 부분

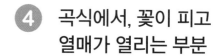

5 물을 긷기 위해 땅을 파서 지하수가 모이게 한 곳

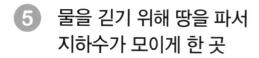

6 얻어들은 짧은 지식

어울리는 말끼리 연결하세요.

전문가가 아니어도 자주 듣고
보다 보면 자연스레 배우게 된다.

믿는 도끼에 발등 찍힌다.

믿었던 사람이 배반하여
오히려 해를 입는다.

뛰는 놈 위에
나는 놈 있다.

아무리 재주가 뛰어나더라도
그보다 더 뛰어난 사람이 있다.

누워서 침 뱉기

의리를 지키지 않고
자기 이익만 꾀한다.

서당 개 삼 년이면
풍월을 읊는다.

학식이 높은 사람일수록
겸손하다.

공든 탑이 무너지랴.

남을 해치려다 오히려
자기가 해를 입는다.

달면 삼키고 쓰면 뱉는다.

평소엔 흔한 것도 막상 쓰려고
찾으면 없다.

벼 이삭은 익을수록
고개를 숙인다.

정성을 다해 한 일은
그 결과가 헛되지 않다.

우물 안 개구리

세상의 넓은 형편을 모르는 사람

개똥도 약에 쓰려면 없다.

137

 사다리를 타고 내려가 뜻이 비슷한 속담을 찾아보세요.

뛰는 놈 위에 나는 놈 있다

믿는 도끼에 발등 찍힌다

벼 이삭은 익을수록 고개를 숙인다

우물 안 개구리

공든 탑이 무너지랴

누워서 침 뱉기

제 손으로 제 뺨 친다

하루살이 위에 파리 있다

바늘구멍으로 하늘 보기

뿌리 깊은 나무 가뭄 안 탄다

믿었던 돌에 발부리 채었다

물이 깊을수록 소리가 없다

괄호 안에 알맞은 속담을 넣어 보세요.

옆집 영철이는 그렇게 영어를 잘한다더라.
( )고
형이 영어 공부하는 걸 보고 옆에서 배웠대.

엄마, ( )고
제가 더 잘한다고요.

아휴, ( )고
했어. 잘할수록 더 겸손해야 하는 법이야.

아래 속담을 오늘날에 알맞은 속담으로 직접 만들어 보세요.

개똥도 약에 쓰려면 없다.

정답

01일째 **13**쪽

속담 나와라 뚝딱!

낮말은 (새)가 듣고 밤말은 (쥐)가 듣는다.

02일째 **15**쪽

속담 나와라 뚝딱!

(낮말)은 새가 듣고 밤말은 쥐가 듣는다.

03일째 **17**쪽

속담 나와라 뚝딱!

개구리 (올챙이) 적 생각 못 한다.

04일째 **19**쪽

속담 나와라 뚝딱!

구슬이 서 (말)이어도 꿰어야 (보배)

05일째 **21**쪽

속담 나와라 뚝딱!

그림의 (떡)

06일째 **23**쪽

속담 나와라 뚝딱!

(낫) 놓고 (기역) 자도 모른다.

07일째 **25**쪽

속담 나와라 뚝딱!

 될성부른 나무는 (떡잎)부터 알아본다.

08일째 **27**쪽

속담 나와라 뚝딱!

(등잔) 밑이 어둡다.

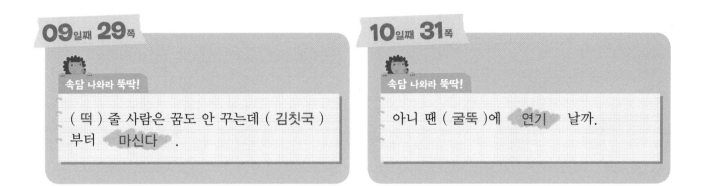

09일째 **29**쪽

속담 나와라 뚝딱!

(떡) 줄 사람은 꿈도 안 꾸는데 (김칫국) 부터   마신다 .

10일째 **31**쪽

속담 나와라 뚝딱!

아니 땐 (굴뚝)에   연기   날까.

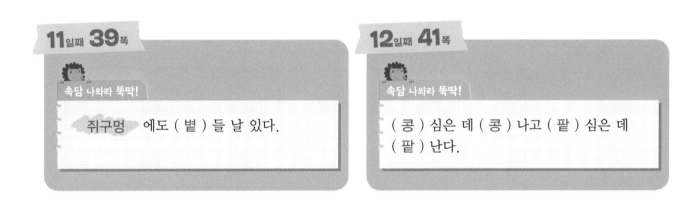

11일째 **39**쪽

속담 나와라 뚝딱!

쥐구멍   에도 (볕) 들 날 있다.

12일째 **41**쪽

속담 나와라 뚝딱!

(콩) 심은 데 (콩) 나고 (팥) 심은 데 (팥) 난다.

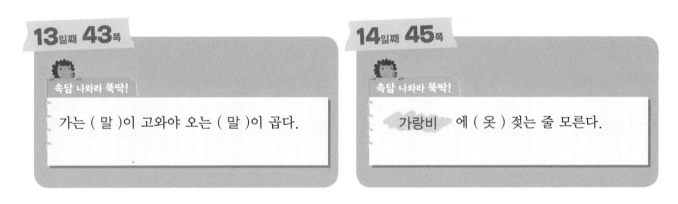

13일째 **43**쪽

속담 나와라 뚝딱!

가는 (말)이 고와야 오는 (말)이 곱다.

14일째 **45**쪽

속담 나와라 뚝딱!

가랑비   에 (옷) 젖는 줄 모른다.

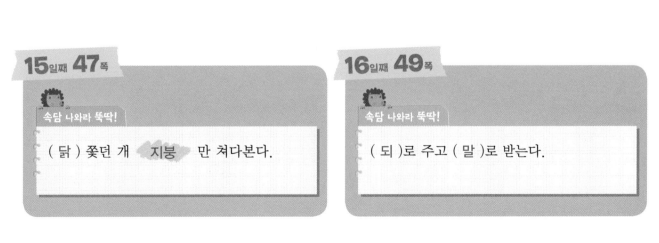

15일째 **47**쪽

속담 나와라 뚝딱!

(닭) 쫓던 개   지붕   만 쳐다본다.

16일째 **49**쪽

속담 나와라 뚝딱!

(되)로 주고 (말)로 받는다.

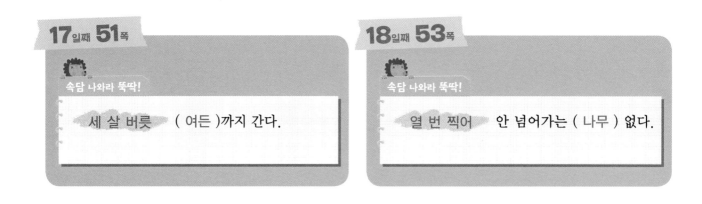

17일째 **51**쪽

속담 나와라 뚝딱!

세 살 버릇 (여든)까지 간다.

18일째 **53**쪽

속담 나와라 뚝딱!

열 번 찍어 안 넘어가는 (나무) 없다.

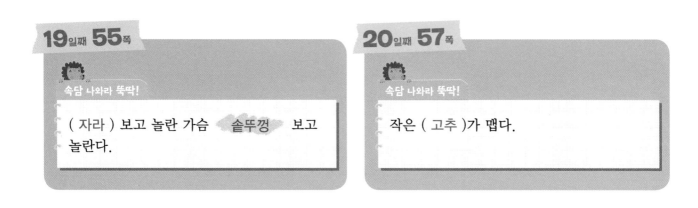

19일째 **55**쪽

속담 나와라 뚝딱!

(자라) 보고 놀란 가슴 솥뚜껑 보고 놀란다.

20일째 **57**쪽

속담 나와라 뚝딱!

작은 (고추)가 맵다.

21일째 **65**쪽

속담 나와라 뚝딱!

티끌 모아 (태산)

22일째 **67**쪽

속담 나와라 뚝딱!

하룻강아지 (범) 무서운 줄 모른다.

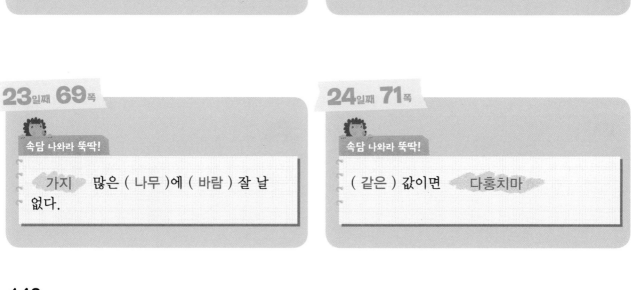

23일째 **69**쪽

속담 나와라 뚝딱!

가지 많은 (나무)에 (바람) 잘 날 없다.

24일째 **71**쪽

속담 나와라 뚝딱!

(같은) 값이면 다홍치마

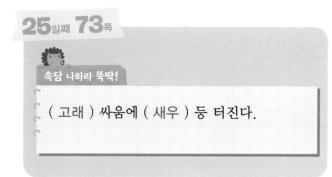

25일째 **73**쪽

속담 나와라 뚝딱!

(고래) 싸움에 (새우) 등 터진다.

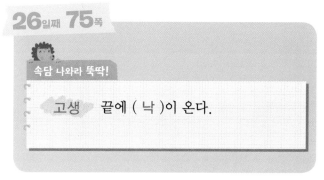

26일째 **75**쪽

속담 나와라 뚝딱!

고생 끝에 (낙)이 온다.

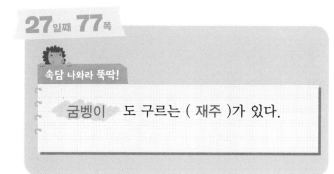

27일째 **77**쪽

속담 나와라 뚝딱!

굼벵이 도 구르는 (재주)가 있다.

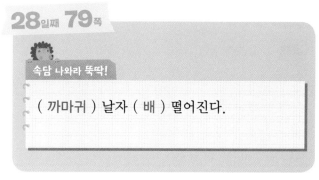

28일째 **79**쪽

속담 나와라 뚝딱!

(까마귀) 날자 (배) 떨어진다.

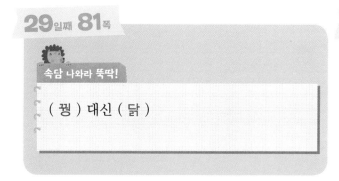

29일째 **81**쪽

속담 나와라 뚝딱!

(꿩) 대신 (닭)

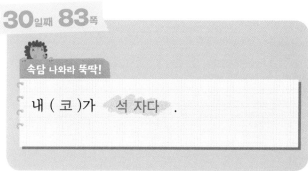

30일째 **83**쪽

속담 나와라 뚝딱!

내 (코)가 석 자다 .

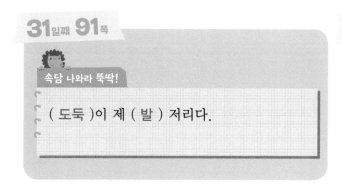

31일째 **91**쪽

속담 나와라 뚝딱!

(도둑)이 제 (발) 저리다.

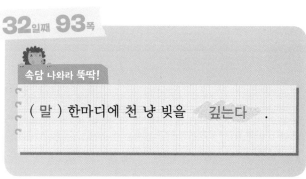

32일째 **93**쪽

속담 나와라 뚝딱!

(말) 한마디에 천 냥 빚을 갚는다 .

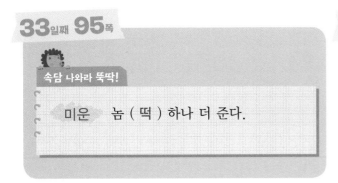

33일째 **95**쪽

속담 나와라 뚝딱!

미운 놈 (떡) 하나 더 준다.

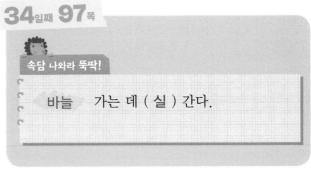

34일째 **97**쪽

속담 나와라 뚝딱!

바늘 가는 데 (실) 간다.

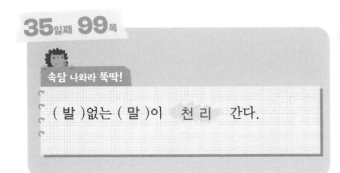

35일째 **99**쪽

속담 나와라 뚝딱!

(발)없는 (말)이 천 리 간다.

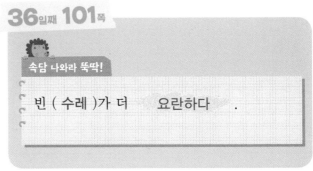

36일째 **101**쪽

속담 나와라 뚝딱!

빈 (수레)가 더 요란하다 .

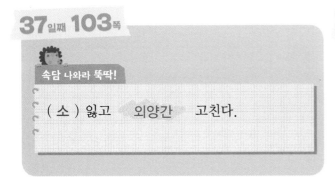

37일째 **103**쪽

속담 나와라 뚝딱!

(소) 잃고 외양간 고친다.

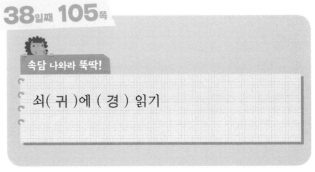

38일째 **105**쪽

속담 나와라 뚝딱!

쇠(귀)에 (경) 읽기

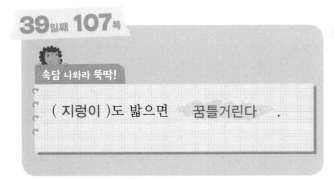

39일째 **107**쪽

속담 나와라 뚝딱!

(지렁이)도 밟으면 꿈틀거린다 .

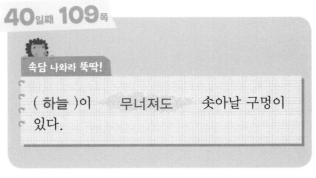

40일째 **109**쪽

속담 나와라 뚝딱!

(하늘)이 무너져도 솟아날 구멍이 있다.

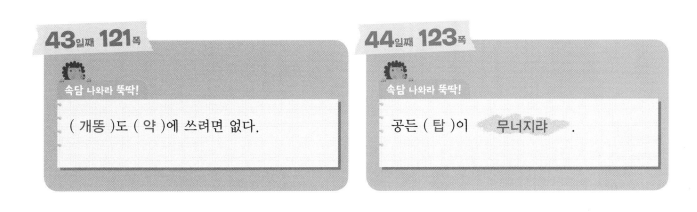

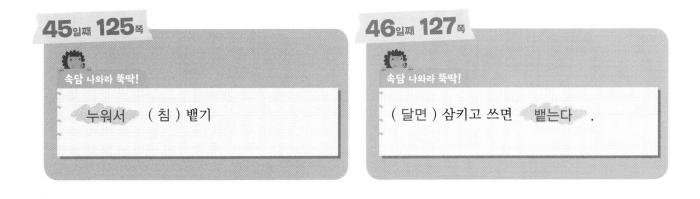

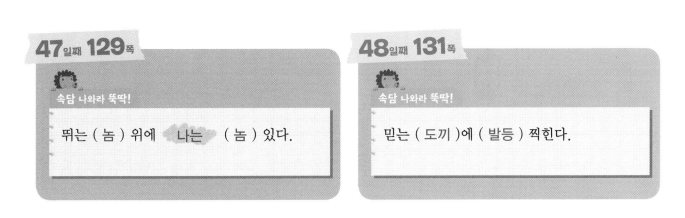

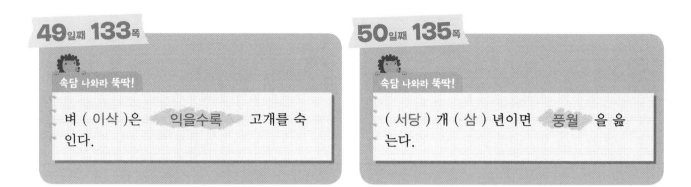

벼 (이삭)은　익을수록　고개를 숙인다.

(서당) 개 (삼) 년이면　풍월　을 읊는다.

퀴즈 풀고 속담 먹고

32쪽

33쪽

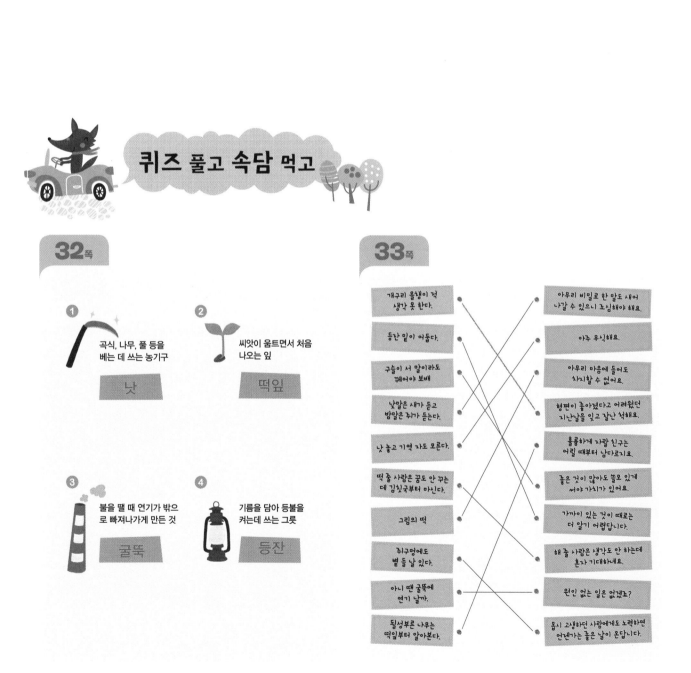

① 곡식, 나무, 풀 등을 베는 데 쓰는 농기구

낫

② 씨앗이 움트면서 처음 나오는 잎

떡잎

③ 불을 땔 때 연기가 밖으로 빠져나가게 만든 것

굴뚝

④ 기름을 담아 등불을 켜는데 쓰는 그릇

등잔

개구리 올챙이 적 생각 못 한다.

등잔 밑이 어둡다.

구슬이 서 말이라도 꿰어야 보배

낮말은 새가 듣고 밤말은 쥐가 듣는다.

낫 놓고 기역 자도 모른다.

떡 줄 사람은 꿈도 안 꾸는데 김칫국부터 마신다.

그림의 떡

쥐구멍에도 볕 들 날 있다.

아니 땐 굴뚝에 연기 날까.

될성부른 나무는 떡잎부터 알아본다.

아무리 비밀로 한 말도 새어 나갈 수 있으니 조심해야 해요.

아주 무식해요.

아무리 마음에 들어도 차지할 수 없어요.

형편이 좋아졌다고 어려웠던 지난날을 잊고 잘난 척해요.

훌륭하게 자랄 친구는 어릴 때부터 남다르지요.

좋은 것이 많아도 쓸모 있게 써야 가치가 있어요.

가까이 있는 것이 때로는 더 알기 어렵답니다.

해 줄 사람은 생각도 안 하는데 혼자 기대하네요.

원인 없는 일은 없겠죠?

몹시 고생하던 사람에게도 노력하면 언젠가는 좋은 날이 온답니다.

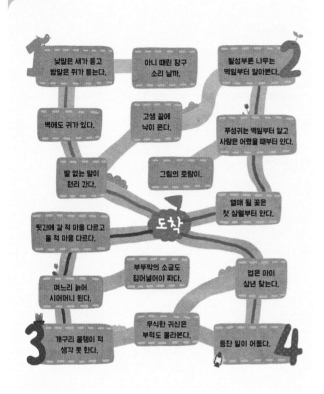

 (될성부른 나무는 떡잎부터 알아본다)더니, 어렸을 때부터 운동을 잘했던 민준이가 드디어 수영대회에서 1등을 했대.

 정말? 나는 모르고 있었는데.

 (등잔 밑이 어둡다   )더니, 너는 남의 반에서 생긴 일은 잘 알면서 왜 너희 반에서 생긴 일은 하나도 모르고 있는 거야?

 그러게. 이제부터 우리 반 친구들에게 관심을 더 가져야겠다.

 그런데 (개구리 올챙이 적 생각 못 한다)고 민준이가 수영대회에서 1등을 하더니 굉장히 거만해졌대.

 그래? 민준이가 그럴 리가 없을 텐데. 아닐 거야.

 (아니 땐 굴뚝에 연기 나는   ) 것 봤니? 친구들이 그렇게 얘기할 때는 다 이유가 있는 거야.

❶ 가늘게 내리는 비. 이슬비보다는 좀 굵어요.

가랑비

❷ 곡식이나 가루 등의 부피를 재는 단위. 열 되와 같아요.

말

❸ 열의 여덟 배가 되는 수

여든

❹ 거북과 비슷해요. 등딱지의 중앙선 부분만 단단하고, 다른 부분은 부드러운 피부로 덮여 있어요.

자라

❺ 티와 먼지를 통틀어 이르는 말로 몹시 작거나 적을 것을 이렇게 표현하기도 해요.

티끌

❻ 높고 큰 산. 아주 크고 많을 때 이렇게 표현한답니다.

태산

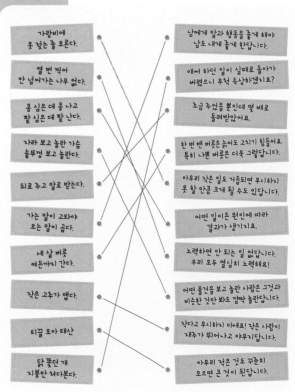

60쪽

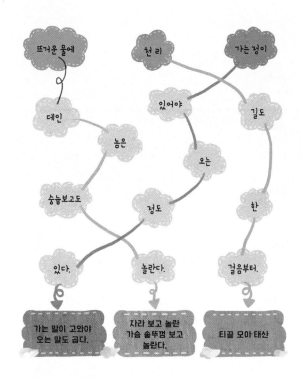

가는 말이 고와야
오는 말도 곱다.

자라 보고 놀란
가슴 솥뚜껑 보고
놀란다.

티끌 모아 태산

61쪽

 동생아, 용돈 좀 빌려줄래? (가랑비에 옷 젖는 줄 모른다)고 한 달 용돈을 야금야금 쓰다 보니 일주일도 못 되어 다 써 버렸어.

 싫어. 나도 용돈이 얼마 없다고. 쌤통이다 메롱 메롱. 아야. 왜 때려!

 억울하게 생각하지 마. (가는 말이 고와야 오는 말이 곱다)고 네가 먼저 오빠를 약 올리니까 오빠가 너를 때린 거잖아.

 엄마! 오빠가 저를 때렸어요.

 (되로 주고 말로 받는다   )더니 나는 한 대밖에 안 때렸는데, 엄마한테 엄청나게 혼나게 생겼네.

 (세 살 버릇 여든까지 간다   )고 오빠가 나를 자꾸 때리는 버릇은 얼른 고쳐야 해.

84쪽

① 짙고 산뜻한 붉은 색

다홍

② 호랑이의 다른 말

범

③ 매미, 풍뎅이와 같은 딱정벌레목의 애벌레. 동작이 느린 사람을 이렇게 표현하기도 함

굼벵이

④ 즐거움이나 재미

낙

⑤ 길이의 단위로 30.3cm에 해당되며 한 치의 열 배와 같은 길이

자

⑥ 몸의 일부가 오래 눌려서 피가 잘 통하지 못해 감각이 둔하고 아픈 것

저리다

85쪽

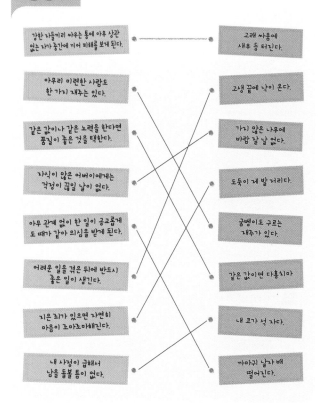

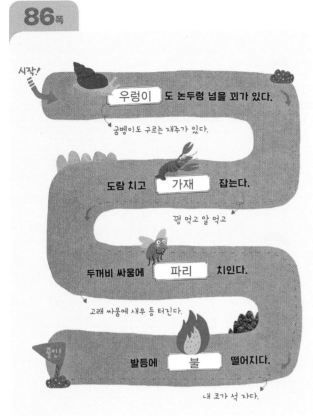

시작!

우렁이 도 논두렁 넘을 꾀가 있다.

굼벵이도 구르는 재주가 있다.

도랑 치고 가재 잡는다.

꿩 먹고 알 먹고

두꺼비 싸움에 파리 치인다.

고래 싸움에 새우 등 터진다.

발등에 불 떨어지다.

내 코가 석 자다.

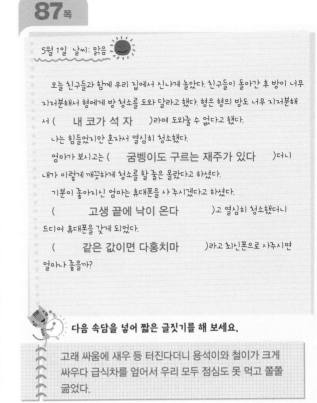

5월 1일 날씨: 맑음

오늘 친구들과 함께 우리 집에서 신나게 놀았다. 친구들이 돌아간 후 방이 너무 지저분해서 형에게 방 청소를 도와 달라고 했다. 형은 형의 방도 너무 지저분해서 (내 코가 석 자)라며 도와줄 수 없다고 했다.

나는 힘들었지만 혼자서 열심히 청소했다.

엄마가 보시고는 (굼벵이도 구르는 재주가 있다)더니 내가 이렇게 깨끗하게 청소를 할 줄은 몰랐다고 하셨다.

기분이 좋아지신 엄마는 휴대폰을 사 주시겠다고 하셨다.

(고생 끝에 낙이 온다)고 열심히 청소했더니 드디어 휴대폰을 갖게 되었다.

(같은 값이면 다홍치마)라고 최신폰으로 사주시면 얼마나 좋을까?

다음 속담을 넣어 짧은 글짓기를 해 보세요.

고래 싸움에 새우 등 터진다더니 용석이와 철이가 크게 싸우다 급식차를 엎어서 우리 모두 점심도 못 먹고 쫄쫄 굶었다.

1 소, 말을 기르는 곳

외양간

2 바퀴를 달아서 굴러가게 만든 탈것

수레

3 거리의 단위로 약 0.393km에 해당

리

4 옛날에 엽전을 세던 단위로 한 돈의 열 배

냥

5 조상들의 사상이나 교리를 써 놓은 책

경

6 시장이 서는 날

장날

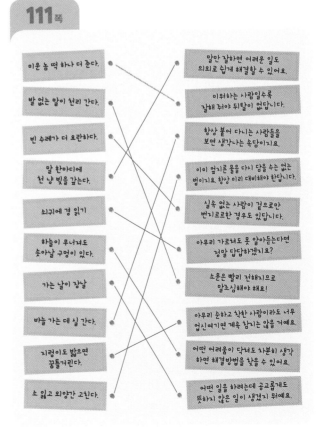

미운 놈 떡 하나 더 준다.

발 없는 말이 천리 간다.

빈 수레가 더 요란하다.

말 한마디에 천 냥 빚을 갚는다.

쇠귀에 경 읽기

하늘이 무너져도 솟아날 구멍이 있다.

가는 날이 장날

바늘 가는 데 실 간다.

지렁이도 밟으면 꿈틀거린다.

소 잃고 외양간 고친다.

말만 잘하면 어려운 일도 의외로 쉽게 해결할 수 있어요.

미워하는 사람일수록 잘해 줘야 뒤탈이 없답니다.

항상 붙어 다니는 사람들을 보면 생각나는 속담이지요.

이미 엎지른 물을 다시 담을 수는 없는 법이지요. 항상 미리 대비해야 한답니다.

실속 없는 사람이 겉으로만 번지르르한 경우도 있답니다.

아무리 가르쳐도 못 알아듣는다면 정말 답답하겠지요?

소문은 빨리 전해지므로 말조심해야 해요!

아무리 순하고 착한 사람이라도 너무 업신여기면 계속 참지는 않을 거예요.

어떤 어려움이 닥쳐도 차분히 생각하면 해결방법을 찾을 수 있어요.

어떤 일을 하려는데 공교롭게도 뜻하지 않은 일이 생겼지 뭐예요.

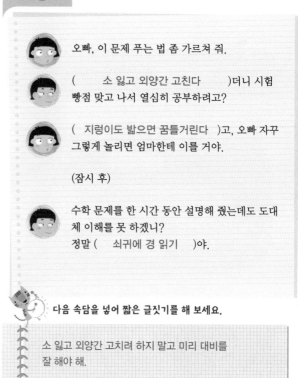

① 간에서 나오는 쓸개즙을
일시적으로 저장하는
주머니

쓸개

② 탄수화물을 저장하고,
단백질과 당의 대사를
조절하며, 해독 작용을
하는 우리 몸의 기관

간

③ 옛날에 한문을 가르치던
공부방

서당

④ 곡식에서, 꽃이 피고
열매가 열리는 부분

이삭

⑤ 물을 긷기 위해 땅을 파서
지하수가 모이게 한 곳

우물

⑥ 얻어들은 짧은 지식

풍월

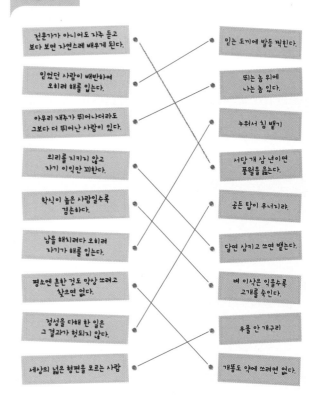

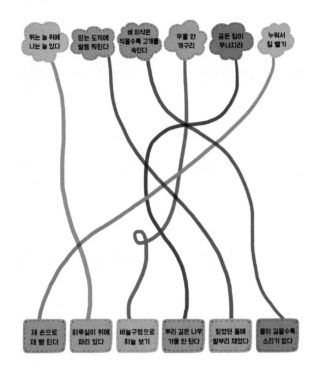

 옆집 영철이는 그렇게 영어를 잘한다더라.
(서당 개 삼 년이면 풍월을 읊는다)고
형이 영어 공부하는 걸 보고 옆에서 배웠대.

 엄마, (뛰는 놈 위에 나는 놈 있다)고
제가 더 잘한다고요.

 아휴, (벼 이삭은 익을수록 고개를 숙인다)고
했어. 잘할수록 더 겸손해야 하는 법이야.

 다음 속담을 넣어 짧은 글짓기를 해 보세요.

동생도 심부름 보내려면 없다.